AF176177

*Alfred Reichel*

# Glücks-Bier-Gedichte

Bibliografische Information der Deutschen Nationalbibliothek
Die Deutsche Nationalbibliothek verzeichnet diese Publikation
in der Deutschen Nationalbibliografie; detaillierte bibliografische
Daten sind im Internet über www.dnb.de abrufbar.

*Bier ist der Beweis,*

*dass Gott uns liebt und will,*

*dass wir glücklich sind.*

*(Benjamin Franklin)*


*Zum Glück gibt's Bier... ;-)*

## Vorwort des Autors

Mögen Dir Bier und dieses Buch zu ein paar Glücksmomenten verhelfen! Prost!

*Weil der Stadt, im Mai 2022*                    *Alfred Reichel*

## #1 Glücklich

Rote Lippen, roter Wein,

mit guten Freunden zusammen sein,

gutes Essen obendrein,

dann noch ein Bier hinterdrein,

mehr braucht's nicht zum Glücklichsein.


## #2 Glückssache

Mit dem Glück ist das so eine Sache:

Man wird oft erst hinterher gewahr,

dass man glücklich war.

Aber wenn ich mir ein Bier aufmache,

weiß ich augenblicklich,

jetzt bin ich glücklich.


## #3 Achtsamkeit

Du wirst des Glückes fette Beute,

gehst du achtsam durch dein Heute.

Nimm deine Umgebung wahr mit all deinen Sinnen

und du wirst viele schöne Eindrücke gewinnen.

Geh mit offenen Augen durch die Welt.

Genieße alles Schöne, das sich zu dir gesellt.

Trinke Bier, geh auf sensorische Entdeckungsreise

und du erlebst Glück auf eine köstliche Weise.

## #4   2026

Wir schreiben das Jahr Zweitausendsechsundzwanzig.

Genmanipulierte Butter wird nicht mehr ranzig.

Biontech und Moderna haben Corona immer noch nicht besiegt.

Putin hat den diesjährigen Friedensnobelpreis gekriegt.

Unser AfD-Kanzler ist mit einer Roboterin liiert.

Der DAX hat sich auf 400 Punkte reduziert.

Grüne Atomkraft hat den Klimawandel gestoppt.

Unsere Kicker haben mit 0:10 im ersten WM-Spiel gefloppt.

Ich tue nur noch alkoholfreies Bier und alkoholfreies Radler kaufen,

denn meine Leber hat Schaden genommen vom vielen Saufen.

Endlich wache ich aus meinem Mittagsschlaf-Albtraum auf.

Alles gut. Erleichtert und glücklich mache mir ein Bier auf.

2022 nimmt seinen Lauf.


## #5   Glücklich und zufrieden

Ist mir Bier beschieden,

bin ich glücklich und zufrieden.

### #6 Dank

Trink dich
glücklich.
Mit ein, zwei Bier.
Deine Seele dankt es dir.

### #7 Der Alfred

Ein Fläschchen Bier stand im dunklen Keller.
„Ach, wäre es doch um mich heller.
Ich würde funkeln, glänzen, strahlen.
Jeder Maler würde mich dann gerne malen."
Da ist der Alfred auf das Fläschchen getroffen
und hat es flux gesoffen.
Unser Alfred strahlte hinterher vor Glück
und gab so etwas vom Bier an seine Umgebung zurück.

### #8 Bier – der Schlüssel zum Glück!

Wenn Bier den Schlüssel zum Glück darstellt,
dann steht das Schloss für Mutlosigkeit,
Ängste, Resignation und Kraftlosigkeit.
Bier öffnet das Fesselschloss zu einer glückseligen Welt.
Prost, auf eine Welt, die gefällt!

## #9    Chemisch gesehen

Glück ist, chemisch gesehen,
0,3 Promille Alkohol im Blut.
Ich trinke zwei Bier, um sicherzugehen.
Und überhaupt tut mir Bier heute gut ;-)

## #10    Aufs Glück

Glück ist meist kein treuer Begleiter.
Schnell zieht er weiter. Aber nimm's heiter,
denn das Glück kommt auch wieder zurück.
Zum Glück! ;-)
Und in der Zeit dazwischen
tun wir unsere Bierchen zischen.
Prost aufs Glück!

## #11    Perfekt

Um glücklich zu sein, musst du nicht perfekt sein.
Es reicht, wenn dein Bier perfekt ist. Prost!

## #12    Real

Glück ist keine Illusion
und auch nicht nur eine Vision.
BIER ist des Glückes schöne Realisation.

## #13 Flaschbier

Flaschbier ist materialisiertes, abgefülltes Glück in Flaschen.

Ich empfehle, täglich 0,5 bis 1 Liter flüssiges Glück zu naschen.

## #14 Ach, geht's mir doch gut

Glück ist, mit vollem Bauch auf dem Sofa liegend eine Tour de France Pyrenäen-Etappe im Fernsehen anzuschauen und dabei ein Hefe-Weizen zu trinken.

## #15 Liebe mit Bier

Glücklich bin ich, wenn ich verliebt bin und auch sie mich liebt.

Noch glücklicher, wenn man mir obendrein noch ein Bierchen gibt.

## #16 Glückliche Zeit

Für heute alles erledigt. Nichts mehr stört.

Der Rest des Tages ist die Zeit, die dir gehört.

Dir

und deinem Bier.

## #17  Göttlich

Gott lächelt uns im Biere an,
weil er uns mag und weil er's kann.
Er möchte, dass wir so geschwind
wieder glücklich sind.
In Gottes Namen -
Prost und amen.


## #18  Noch glücklicher

Bier verhilft mir, zu schweben,
nicht mehr am Boden zu kleben.
Ich bin glücklich mit meinem Leben,
aber jetzt ein Bier würde mich noch glücklicher machen.
Also lass uns ein Weizenbier aufmachen. Prost!


## #19  Einladung

Das Leben lädt uns ein,
glücklich zu sein.
Drum lass Sonne in dein Herz
und gegen den Weltschmerz
Bier in deinen Mund hinein.
Prost!

## #20 Protokoll

Glück kommt. Glück geht.

Sonne scheint. Wind weht.

Bierglas leer. Bierglas voll.

So ist das Lebensprotokoll.


## #21 Ok

Nach zwei Bier ist die Welt wieder in Ordnung.

Nicht mehr chaotisch und in Auflösung.

So eine Welt als eine Einheit, als ein Stück,

auch das ist Glück.


## #22 Lecker

Ich bin glücklich, fühle mich wohl,

denn ich trinke Bier und esse Rosenkohl.

Ich fühle mich wohl bin glücklich,

denn Bier zu Rosenkohl schmeckt vorzüglich.


## #23 Happy-End

Nach einem stressigen Arbeitstag,

ist's Bier, was ich brauch und mag.

Ein Happy-End,

das jeder kennt.

## #24 Verhockt

Ich hab gezockt
und bin verhockt.
Dabei 7 Bier vernichtet
und das hier gedichtet.
Jetzt bin ich müde und glücklich.
Ich gehe schlafen augenblicklich.

## #25 Hindernisse

Das Glück liegt oft hinter Hindernissen,
muss man wissen.
Hat man solch ein Hindernis überwunden,
hat man das Glück gefunden.
Und dann mit Bier auf den Erfolg anstoßen.
Das Glück wird in deinem Körper tosen.
Prost!

## #26 Beschwerde

Ist Bier da,
ist Glück nah.
Ist Bier fern,
muss ich mich beschwer'n.
Denn gibt's kein Bier,
stinkt's mir.

**Käuflich! Säuflich!**

Ist Glück käuflich?

Ist Glück säuflich?

Ja, klar. Ja, klar.

Mit Bier werden die Antworten wahr.

 **Einladung**

Bier lädt ein

zum gemeinsamen Glücklichsein.

Prost!

 **Ebenso**

Ich bin glücklich, Ich bin froh,

denn ich trinke Bier. Mach's ebenso.

 **Beglückt**

Wenn ich mein Leben meistere,

wenn ich mich für Bier begeistere,

dann spüre ich vom Glück

jeweils ein kleines Stück.

Fazit ist, ich bin beglückt.

## #31 Amen

Köstliches Bier,

sei du auch mir

Heiler manch seelischer Wunden,

Schöpfer glücklicher Stunden.

Amen.


## #32 Wir

Heute leben wir.

Heute lieben wir.

Heute feiern wir.

Heute trinken wir

Bier!

Und erst ÜberÜberÜbermorgen

kümmern wir uns wieder um unsere Sorgen.

Bis dahin leben wir so weiter

- glücklich und überwiegend heiter.


## #33 Fliegengewicht

Glücklich ist der Alfred nur dann,

wenn er täglich sein Bier trinken kann.

Kann er das einmal nicht,

dann verliert er sein inneres Gleichgewicht

und boxt mental nur noch im Fliegengewicht.

### #34 Tüchtig

Glück hat auf die Dauer nur der Tüchtige –
das wissen wir.
Drum trinken wir tüchtig Bier.
Prost!

### #35 Die Biertrinker

Den maßvollen Biertrinkern gehört die Welt,
denn sie sind glücklich auch ohne Geld.

### #36 Glückliche Momente

Wer gerne mit Freunden Bier und Wein trinkt, braucht
sich dafür nicht zu schämen.
Denn diese schönen und glücklichen Momente kann
ihm keiner mehr nehmen.

### #37 Überschäumende Träume

Ich bin in dich verliebt.
Schön, dass es dich gibt.
Ich liebe dich
und hoffentlich liebst du auch mich.
Ich werde herrlich süß von dir träumen
und dabei vor Liebesglück wie Bier überschäumen.

Der Windhauch, der mich nachts durchs offene Fenster
sanft berührt, bist du.
Das Mondlicht, das mich zart kitzelt und zum Lächeln
bringt, bist du.
Im Traum streichelknutschst du mich
und ich kuschelknutsche zärtlich dich.

## #38 Aufbruch

Zu neuen Ufern aufbrechen.

Alte Zelte abbrechen.

Nach vorne schauen.

Auf Gott vertrauen.

Alles wird gut.

Hab Mut.

Ab und zu ein Bier gezischt.

Die Sorgen sind wie weggewischt.

So kommt das Glück

schon bald zurück.

## #39 Im kleinen Städtchen

In einer Kneipe im kleinen Städtchen
raucht er gerade ein Zigarettchen.
Er raucht täglich etwa dreißig Stück.
Eine Freundin wäre sein ganzes Glück.
Da sieht er am Nebentisch das Gretchen.

Sie ist das schönste Mädchen
hier im kleinen Städtchen.
Sie isst genussvoll ein Salätchen.
Er träumt, sie wäre sein Mädchen
und sie liebten sich in einem Himmelbettchen.
Er fasst Mut und lädt sie ein zu Bier und Wein.
Doch sie sagt nur: „Danke, nein!"
Aus sein Traum – ach, wie gemein.
Auch heute trinkt er wohl sein Bier allein
und schläft später daheim alleine ein.

## #40  Bierige Stoffe

Die in Bier enthaltenen Atome, Ionen und Moleküle
verschaffen mir befreiende, berauschende Gefühle.
Die Stoffe sich leicht in mir drehen
und mich Schluck um Schluck entschweren.
Auch ist des Bieres besonderer Wert,
dass Bier manch Inneres nach außen kehrt.

## #41  Besondere Moleküle

Die Moleküle spielen in meinem Bier verrückt:
Sie tanzen, berauschen, blubbern und schäumen.
Sie perlen, torkeln und bringen mich zum Träumen.
Ich trinke weiter verträumt mein Bier und bin
entzückt.

## #12 Endlich glücklich

Lasst uns endlich glücklich sein.
Das Leben ist viel zu kurz.
Freuen wir uns am Leben und an Bier und Wein.
Unabänderliches ist uns ab jetzt schnurz.


## #13 Schweben

Durchs Leben
schweben
mit Freuden
und Freunden,
mit Bier
und dir.
Schweben wie ein Adler.
Gefühle wie nach Bier und Radler.
Frei, glücklich und sorglos
Schweben über dem Chaos.


## #14 Biersternstunde

Zu später abendlicher Stunde
führen wir in freundschaftlicher Runde
wunderbares Bier zum Munde.
Oh, welch glückliche Sternstunde!

## #15 Golden

Golden wie die Sonne,
berauschend, voller Wonne,
sexy, mit etwas Schaum
steht vor mir wie im schönsten Traum
ein großes volles Weizenbierglas.
Mir geht's gut. Das Leben macht Spaß.


## #16 Geständnis

Ich bin glücklich, mir geht's gut,
doch da kommt er, der Übermut.
Um noch etwas glücklicher zu sein,
schenke ich Bier und Wein mir ein.
Und schon ist der Alkohol im Spiel.
Manchmal trinkt man dann zu viel.

 **Bierpause**

Bist du mitten im Alltag erledigt und geschafft,

gönne dir zwischendurch eine Pause und tanke Kraft.

Entspanne behutsam deine Sinne mit deinem Lieblingsbier.

Zügle eine all zu schnelle, all zu heftige Gier nach dem Lebenselixier.

Höre, wie das Bier beim Einschenken ins Glas gluckert.

Freu dich, gleich bist du psychisch und physisch nicht mehr unterzuckert.

Sieh, wie das Glas sich goldgelb und mit weißem Schaum füllt.

Bemerke, wie sich bei diesem Anblick dein Gaumen ganz trocken anfühlt.

Schau dir die feinen Schaumbläschen an. Tausende gleich wie aus einem Ei.

Führe das volle Glas an den Mund und unter die Nase und zähle bis auf drei.

Zieh den Biergeruch dann tief ein durch die Nase in deine Lunge.

Nimm einen Schluck und spüre das Prickeln des Bieres auf deiner Zunge.

Prüfe den Geschmack nach sauer, vollmundig und salzig.

Erkenne und freue dich auf hopfig-bitter und süß-malzig.

Trinke und spüre wie Zunge und Gaumen nicht mehr aneinanderkleben.

Erkenne, wie dein Geist und dein Körper rasch aufleben.

Erlebe den leicht berauschenden Alkohol

und fühle dich entspannt und wohl.

Genieße mit allen Sinnen dein Bier.

Die Bierpause gehört alleine dir.

### #18 Hot love

Kühl getrunken, heiß geliebt.
Ein Glück, dass es dich gibt:
Bier!


### #19 Glücklich und zufrieden

Sommer, Sonnenschein.
Mit Freunden joggen gehen, durstig sein.
Starken Durst verspüren.
Endlich eine kühle Flasche Bier berühren.
Sich am Bier erfreu'n, den Moment genießen.
Nichts kann das aufkommende Glück verdrießen.
Reden, lachen, Leben spüren, zufrieden sein.
Wir schenken uns noch eine Flasche Glück und
Zufriedenheit ein.
Nichts kann schöner sein.


### #50 Schwein gehabt

Auf dem Tisch steht ein frisch gezapftes Bier für mich.
Herrlich! Herrlich!
Könnte der Tisch schöner gedeckt sein? Nein!
Könnte der Moment schöner sein? Nein!
Mein Gott, was hab ich Schwein.

### #51 Ob glücklich oder nicht

Ich trinke Bier, wenn ich glücklich bin.

Ich trinke auch Bier, wenn ich traurig bin.

Und auch wenn ich keins von beidem bin,

kann's sein, es zieht mich zum Biere hin.

### #52 Voll Glück

Heute ist ein schöner Tag,

wie ich ihn eigentlich so mag.

Was ich zum vollen Glück aber noch brauche,

ist ein kühles leckeres Bier in meinem Bauche.

Drum trinke ich jetzt mein Glas genüsslich leer

und fühle mich prima wie ein Honigkuchenbär.

### #53 Natur

Am Meer, Fluss oder an der See

oder auf der Suche nach einem Glücksklee

oder im Wald, auf Feldern und Wiesen

- überall lässt sich die Natur genießen.

Diese Glücksmomente noch mit einem Bier begießen

und nichts kann einem die Stimmung verdrießen.

Ein Hoch auf die Natur

- rund um die Uhr.

## #54 Selbstbetrug

Feier Glück und Freude herbei.
Trink dir mit Bier gute Gefühle herbei.
Das Leben ist oft beschissen genug.
Gönn dir ab und zu diesen Selbstbetrug.

## #55 Tag für Tag

Komme, was da kommen mag,
mit Bier glückt dir jeder Tag.
In Bier da wohnt ein Zauber inne.
Bier ist ganz in meinem Sinne.
Prost!

## #56 Glücklich sein

Der eine säuft. Der andere kifft.
Fast jeder greift zu einem Gift.
Alle wollen sie glücklich sein,
drum ziehen sie sich etwas rein.

## #57 Kleine Glücklichmacher

Meist sind's die kleinen Sachen,
die glücklich machen:
Liebe, Sex, Bier, Lachen :-)

## #58 Was? Das!

Was macht heiter und glücklich?

Was stimmt froh und lieblich?

Was vertreibt die kleinen Sorgen?

Was lässt dich an heute denken und nicht an morgen?

Was macht den Kopf frei?

Ganz klar, ein bieriges Hopfengebräu!

## #59 Glücksmomente

Glück ist für ihn ein großes Bier gegen den brennenden Durst

und gegen den Hunger ein Butterbrot, dick belegt mit Wurst.

Für sie ist Glück ein Stück Käsesahne und eine Tasse Kaffee.

Glücklich macht sie statt Kaffee auch eine Tasse Mate Tee.

Glück geht oft durch den Magen,

könnte man sagen.

## #60 Dreisamkeit

Ich und du,

du und ich

- Zweisamkeit.

Gesellt sich noch ein Bier dazu,

dann sind's Bier, dich und mich

- Dreisamkeit.

Solch eine Dreisamkeit

verspricht liebevolle Glückseligkeit.

## #61 Verrückt

Fühlst du dich leer und bedrückt,

dann schnell eine Flasche Bier gezückt

und in großen Schlucken verdrückt.

Die einsetzende Wirkung ist verrückt.

Schnell fühlst du dich beglückt

und von Negativem entrückt.

Kleine Sorgen werden überbrückt.

Statt leer, wieder mit Lebensfreude bestückt.

Statt bedrückt, wieder vom Alltag entzückt.


## #62 Schön

Schön ist's auf der Welt

auch ohne viel Geld.

Schöner lebt's sich aber mit.

Aber Geld allein ist nicht der Hit.

Am glücklichsten bin ich mit dir

beim Anstoßen mit Weizenbier!

Prost!


## #63 Glückliche Momente

Wer gerne mit Freunden Bier und Wein trinkt, braucht
sich dafür nicht zu schämen.

Denn diese schönen und glücklichen Momente kann
ihm keiner mehr nehmen.

## #64  Etwas Mut tut deiner Börse gut

Man sagt: Geld regiert die Welt.
Dem Mutigen gehört die Welt.
Vielleicht gilt auch: Der Mutige kommt zu Geld.
Wer an der Börse immer nur an der Seitenlinie steht,
wird nicht reich, weil er nie am Glücksrad dreht.
Drum trinke drei oder vier der tollen Biere,
werde mutig, kaufe Aktien. Investiere.


## #65  Sommerliche Impressionen

Sommer, Sonne, Weizenbier,
sommerliche Gefühle in mir.
Hitze, Freibad, Sonnenbrillen,
kurze Hosen, abendliches Grillen.
Eiskaffee mit Sahne und Vanille,
bier- und weinbedingte Promille.
Biergarten, gute Laune, hitzefrei,
Ventilatoren, Salate, Kartoffelbrei.
Sonnencreme, Urlaub, Stechmücken…
- Die Sommerzeit tut uns beglücken.


## #66  Liebeskummer

Liebeskummer ist,
wenn man seine große Liebe vermisst,
weil sie nicht mehr bei einem ist.

### #67 Bierseligkeit

Ich bin mit mir und der Welt im Reinen.
Einen wie mich gibt's als Zweiten keinen.
Ich hab mein Lieblingsgetränk gefunden.
Auf mich warten viele bierselige Stunden.

### #68 Konterbier

Konterbier
helfe mir!
Prost, auf dass mich der Kopfschmerz verlasse,
den ich so hasse.
Nach und nach kommen die Lebensgeister zurück
- zum Glück.

### #69 Glückspils

Der Glückspilz ist sehr durstig, doch er lacht,
denn er hat an ein jetzt passendes Bier gedacht.
Der Glückspilz trinkt gleich ein Pils
-        ein großes Glückspils.

## #70 3mal Mist

Mist, Mist, Mist.

Saublöd, wie alles gekommen ist:

Er hatte ordentlich Bier getrunken,

fühlte sich aber nicht betrunken.

Er setzte sich noch ans Steuer.

Das bekam ihn ziemlich teuer.

Geldstrafe, Führerschein weg,

Idiotentest und anderer Dreck.

Und was lernen wir daraus:

Trinkst du Bier, lass das Auto zu Haus.


Mist, Mist, Mist.

Neulich hat er sie noch geküsst.

Er war mit ihr glücklich ohne Ende,

doch dann kam die traurige Wende.

Sie ging. Ließ ihn einsam zurück.

Ihm bleiben seine Freunde und Bier – zum Glück.

Das ist im Vergleich zu früher nicht viel.

Er hätte sie gerne wieder. Schönes Ziel.


Mist, Mist, Mist.

Das Leben ist so trist.

Aber ohne Bier wär's noch trister.

Prost Mister!

## #71  Liebeskummer

Liebeskummer ist,

wenn man seine große Liebe vermisst,

weil sie nicht mehr bei einem ist.


Sie hat dich geliebt, geküsst

und so dein Leben versüßt.

Jetzt ist alles Mist.


Liebe Erinnerungen werden zur Qual.

Alles ist in Unordnung und in Zerfall.

Vorbei – es war einmal.

Selbst das Bier schmeckt schal.


Leiden, trinken, weiterleben.

So ist das mit dem Liebeskummer eben.

Die Zeit heilt alle Wunden,

dauert's auch tausende von Stunden.

Eine liebe Erinnerungsnarbe bleibt zurück

- zum Glück.


## #72  Die schönsten Sachen

Bier trinken, Liebe machen,

aus vollem Herzen lachen -

Es gibt keine schöneren Sachen.

Lauter Sachen, die glücklich machen.

## #73   Ich weiß, was ich will

Ich weiß, was ich will.

Ich will zu dir.

Aber erst mal will ich ein Bier.

Und bin ich dann bei dir

nach dem Bier,

will ich nichts mehr.

Dann bin ich nämlich sehr

zufrieden und glücklich,

das wird an meinem strahlenden Lächeln ersichtlich.

Höchstens noch ein weiteres Bier,

das wünschte ich mir vielleicht bei dir.

## #74   Darum

Ich trinke Bier, weil Bier mir schmeckt

und dabei auch gute Gefühle in mir weckt:

Lebenslust, Entspannung, Zufriedenheit, Erhabenheit,

Verbundenheit, Ruhe, Zerstreuung, Unendlichkeit,

Glück, Freiheit…

Vor allem aber habe ich nach einem Bier

das Gefühl, ich möchte noch ein Bier.

## #75   Geben

Bist du bei mir, gebe ich dir Bier.
Bin ich bei dir, gibst du mir Bier.
Wer liebt,
der gibt.
Geben kann glücklich machen.
Geben bringt deine Seele zum Lachen.
Freut euch am Bier
wie wir!

Nicht hassen sondern lieben,
steht in der Bibel geschrieben.
Wer liebt,
der gibt.

## #76 Intensivbier

Wir kippen uns Bier hinter die Binden,
um das Leben intensiver zu empfinden.
Lustiger, glücklicher, greller, schöner,
freudiger, zufriedener, rassiger, lauter.
Solch ein Leben ist nicht lange auszuhalten.
Wir trinken ein Bierchen, um abzuschalten.

## #77 Was bleibt

Wenn Bier durch den Körper fließt
und sich dann als Urin nach draußen ergießt,
behält der Körper nicht nur Stoffliches wie Zucker und
Alkohol zurück,
zurück bleiben auch schöne Gefühle, wie Zufriedenheit
und Glück.

## #78 Glücksbier

Gönne dir
ein Glücksbier :-)
Gluck, gluck und Schluck.
Bereits mit dem ersten Schluck
kommt das Glück
zu dir zurück.

**Mir, bitte ein Freibier!**

Hey Liebchen,
wie wär's mit einem Bierchen?
Lass dich nicht lumpen,
spendiere mir `nen Humpen.
Bring mir ein Bier geschwind,
mein liebes Kind!
Im Voraus schon mal vielen Dank
für diesen kostenlosen Trank.

Solch kleines spendiertes Glück ist eines der Sachen,
die das Leben erträglicher machen.


#80 **Schwungbier**

Bist du jung,
hast du Schwung.
Im Alter dann
schwindet der Elan.
Schwung und Elan kommen aber zurück,
beim Biergenuss mit Freunden – zum Glück.

### #81 Erste-Hilfe-Bier

Ich falle
und knalle
auf die Straße.
Die Brille rutscht mir von der Nase.
Ich bin benommen
und sehe alles verschwommen.
Zur Hilfe kommst du mir
und reichst mir ein Bier.
Die Lebensgeister kehren zurück
- welch großes Glück.

### #82 Glücks-Bier

Leckeres kühles Bier aus einem großen Becher
fließt durch den durstigen übel gelaunten Zecher.
Als Urin verabschiedet das Bier sich dann
vom Biertrinker irgendwann.
Zurück bleiben in ihm Glück und Zufriedenheit.
Davon geschwemmt sind Durst und Übellaunigkeit.

### #83 Entzückend

Um mich zu entzücken,
braucht man mich nur mit Bier zu beglücken.
Zusätzlich kann mir meine Freundin mit ihren Küssen
mein Leben herrlich versüßen.

## Sommerfarben

Schau –

was ist der Himmel heut so blau.

Goldgelbes Bier vor mir im Glas.

Saftig grün ist das Gras.

Die Sonne strahlt, mir geht's gut.

Ich tanke Kraft, Freude und Lebensmut.

Deine roten Lippen lachen mich an,

so dass ich mein Glück kaum fassen kann.

## Die Beste

Du bist noch viel süßer als Zuckerwatte.

Du bist reizvoller als jedes Bier, das ich je hatte.

Küsst du mich bin ich glücklich.

Du bist die Beste. Ich liebe dich.

(Ich hoffe, du liebst ein wenig auch mich.)

## Liebeswirkung

Liebe ist,

wenn sie mich küsst

und ich dabei vor Glück die Grammatik vergisst.

Schöner, wunderbarer Mist.

Ähnliche Wirkung zeigt auch der Bieralkohol.

Prost. Zum Wohl.

**Zum Glück**

Manche Menschen sind ziemlich blöde.
Mein Alltag ist oft so öde.
Zum Glück gibt's gute Freunde.
Zum Glück gibt's die Biervorfreude.
Zum Glück gibt's gutes Bier.
Hoffe, bei folgendem geht's dir wie mir:
Zum Glück gibt's dich
für mich.

 **Wunschlos glücklich**

Er wartet auf sie schon lange,
aber keine Bange.
Er wartet auch noch länger.
Er ist ihr größter Anhänger.
Er liebt sie wie sonst niemand.
Er wünscht sich mit ihr Hand in Hand
und ein Bier in der freien Hand.
Dann wäre er glücklich –
wunschlos glücklich.

#89 **Glücklich ist**

Glücklich ist,
wer beim Bier vergisst,
dass er eigentlich unglücklich ist.

## #90 Glückseligkeit

Suche ich Zufriedenheit

oder gar Glückseligkeit,

finde ich sie garantiert bei ihr

oder in einer Flasche mit gutem Bier.

Mit „ihr" meine ich meine Freundin.

In ihrer Nähe schmelze ich dahin.


## #91 Mit etwas Bier zum Happy End

Anton Schmitt, ein ganz Frommer,

saß nach einem heißen Tag im Sommer

im Biergarten vor seiner Maß Bier

und dankte Gott dafür.

Mit jedem Schluck, mit jedem Zug

stieg sein Sinn nach Unfug.

Nach der dritten Maß

er jede Frömmigkeit vergaß.

Anton, normalerweise schüchtern,

war nun mutig, da nicht mehr nüchtern.

Er lachte sich eine nette Freundin an

und nach 9 Monaten dann

waren sie glücklich und zu dritt –

nicht schlecht Herr Schmitt!

## #92 Glückseligkeiten

Irdische Glückseligkeit verheißen Whisky, Wein und Bier.

Paradiesische Glückseligkeit bekommt er aber nur von ihr.

## #93 Bannbrechendes Bier

Als unglücklich verliebter verzweifelter Mann

steht man lange in der Angebeteten Bann.

Diesen Bann aber kann man brechen,

geht man ausgiebig mit Freunden zechen.

Freunde und Bier werden ihn vom Herzschmerz kurieren

und er kann bald schon sein Herz an eine andere

verlieren.

## #94 Biertrinken mit Weitblick

8 Halbe Bier und mehr liebte jeder gar sehr,

wenn nur der Kater am nächsten Tag nicht wär.

Aber morgen ist uns heute Wurst,

denn heute bekämpfen wir unseren großen Durst.

Der Kater danach ist nur eine kurze schmerzliche Störung.

Zurück aber bleibt die wunderbar-herzliche Erinnerung

an einen Abend mit Freunden in bieriger Geselligkeit.

Glücklich, wer solch Erinnerung behält bis in alle Ewigkeit.

Drum trinken wir heute getrost.

Amen und Prost!

## #95 Das Glück

Das Glück hat viele Namen.

Meine verrate ich dir:

Liebe, Gesundheit, Bier.

Gott beschütze uns. Amen.


## #96 Unglück / Glück

Unglück hat viele Gesichter:

Kein Bier im Haus,

mit der Freundin ist es aus…

Glück: Mit Bier zum Bier-Dichter...


## #97 Glücksregeln

Habe Freunde, habe Ziele,

ein paar reichen, nicht zu viele.

Tu Sinnvolles, liebe, trinke Bier,

dann gelingt das Leben dir.


## #98 Zu deinem Glück

Was du brauchst zu deinem  Glück im Jetzt und Hier,

ist oftmals nur ein frisches gutes Bier!

Nicht zu vergessen natürlich die Freundin,

denn sie gibt deinem Leben erst Liebe und Sinn.

### #99  Zeiten

Er denkt oft an die schönen glücklichen Zeiten zurück.

Im Jetzt findet er Krankheiten, verflogenes Glück.

Es kommen wieder bessre Zeiten – irgendwann einmal.

Das Glück kommt wieder, das Bier schmeckt dann

nicht mehr schal.

### #100  Optimist

Fühlt sich der Optimist zu lange angepisst,

wird er irgendwann zum Pessimist.

Mit Bier, Freunden und etwas Glück

findet er dann hoffentlich wieder zurück.

Er ist dann jemand, den nichts mehr umhaut,

mit Ausnahme vielleicht seiner Braut.

### #101  Herz aus Gold

Schätzte man ein Herz aus Gold

und Bier, das flüssige Gold,

höher ein als Macht, Perfektion und Geld,

hätten wir eine liebevollere und glücklichere Welt.

## #102 Mein Glück

Mir scheint, mein Glück ist Bier.

Trink ich's, ist das Glück in mir.


## #103 Im Glück

Wind steht still. Wind weht.

Glück kommt. Glück geht.

Bewegen und still stehen.

Kommen und gehen.

So ist's im Leben. So ist die Natur.

Einmal Radler. Ein andermal Bier pur.

Das Glück meint es heute gut mit mir,

denn vor mir steht eine Flasche Bier.


## #104 Mitten im Glück

Ich bin entzückt.

Alles ist geglückt.

Doch denk ich jetzt nach, werd ich verrückt

vor Angst, dass das Glück mir bald entrückt.

Was bleibt vom Glück

dann später zurück?

Mein Bier bleibt mir – zum Glück.

## #105  Glück

Das Glück der Erde, so scheint mir,
liegt in einer vollen Flasche mit gutem Bier.

## #106  Nüchtern betrachtet

Nähme man der Welt die Liebe und das Bier weg,
blieben übrig Hass, Frust, Durst und Rattendreck.
Drum lieben und trinken wir weiter,
sind verliebt, glücklich und heiter.

## #107  Gute Zeiten, schlechte Zeiten

Glück ist nur von kurzer Dauer.
Unglück liegt schon auf der Lauer.
So ist das Leben nun einmal.
Auf die Freude folgt die Qual.
Dies gilt natürlich auch anders rum.
Dies heißt dann wörtlich wiederum:
„Unglück ist nur von kurzer Dauer.
Glück liegt schon auf der Lauer."
Ständiger Wechsel von auf und nieder.
Gut und Schlecht kommen immer wieder.
Aber in guten wie in schlechten Zeiten
trink' gutes Bier, tu' schlechtes meiden.

## #108 Bier und Gott (oder umgekehrt)

Was wäre das Leben ohne Gott? – Sinnlos!
Was wäre das Leben ohne Bier? – Sinnlos!
Beides braucht's: Bier und Gott
und wir sind fast gänzlich ohne Not.
Bier gehört mit zu den schönsten Gaben,
die wir von unserem Herrgott haben.
Drum greif' auf Gott und Bier zurück
und du findest dein Lebensglück!

## #109 Gleichmacher

Bier macht alle Menschen gleich
- ob groß ob klein, ob arm ob reich.
Ob schwarz ob weiß, ob dumm ob nicht,
ob herzleidend oder krank an Gicht.
Ob Frau ob Mann
- glücklich, wer Bier trinken kann.

## #110 Bier-Glücks-Kreislauf

Ich bin glücklich, weil ich Bier trinke.
Ich trinke Bier, weil ich glücklich bin.
Was war aber zuerst da? Das Bier oder das Glück?
Falls mich die Antwort einmal beglückt,
wäre ich vielleicht darüber entzückt.

## #111 Biersinniges

Immer dort, wo ich gerade nicht bin,

macht das Leben vermeintlich mehr Sinn.

Schwierig alles unter einen Hut zu bekommen

und dabei nicht vor lauter Hektik umzukommen.

Aufgepasst, schnell wird man getrieben.

Schnell wird man in seinen Rollen zerrieben.

Noch gibt's keine Uhr, die rückwärts läuft

und einem so vergangene Zeit anhäuft.


Bin ich in der Kneipe,

möchte ich zum Weibe.

Sitze ich mit Freunden gerade im Biergarten,

wär's daheim mal wieder Zeit, den Rasenmäher zu
starten.

Sitze ich beim Bier,

sollte ich zu ihr.

Bin ich dann bei ihr,

könnt's sein, es lockt das Bier.


Zumindest für Bier und ihr hab' ich 'ne Lösung
gefunden

und die bringt hoffentlich ein Mehr an glücklichen
Stunden:

Bier,

öfter mal MIT ihr.

## #112 Zukunft

Suchst du dein Glück,

schau nicht zurück

im Zorn.

Schau nach vorn

voller Zuversicht,

mit einem Lächeln im Gesicht.

Noch glücklicher wird dein Leben sein,

gönnst du dir ab und zu ein Bier oder ein Glas Wein.

## #113 Täglich

Tagein, tagaus,

tagaus, tagein

schüttet man Bier in sich rein

und lässt Urin aus sich raus.

Was bleibt bei der Umwandlung zurück?

Zufriedenheit, Energie und Lebensglück.

## #114 Fein

Glücklich sollst du sein

und zufrieden sollst du sterben.

Schmecken sollen dir immer Bier und Wein.

Dein Glücklich- und Zufriedensein sollen deine Kinder erben.

Das wäre schön. Das wäre fein.

So soll es sein.

### #115 Sommerzeit

Sommer, Biergarten, Sonnenschein.

Spaß haben, Bier trinken, glücklich sein.

Ist das naiv?

Oder gar primitiv?

Nein, nein, nein!

### #116 Sonnenschein

Wir freuen uns am Sonnenschein,

trinken Bier und wollen glücklich sein.

Das Leben ist gleich viel netter

bei schönem sonnigen Wetter.

Ist kein Bier da, trinken wir halt Wein.

### #117 Stöckelschuhe

Klack, klack.

Klack, klack.

In nur zwei roten Stöckelschuhʻ

kommst du auf mich zu.

Du ziehst sie aus und reichst einen mir.

Wir trinken dann daraus genüsslich Bier.

Kann das Leben schöner sein

mit Bier und dir zu zwein? Nein!

## #118 Bierverführung

Hab das Bier nur mit den Lippen berührt
und merke schon, wie's mich verführt.
Von meinen Lippen lecke ich vorsichtig die wenigen
Tropfen,
im Mund entfaltet sich köstlichster Geschmack nach
Hopfen.
Ich könnte weinen vor Glück, ich bin gerührt.

## #119 Verlassen

Allein und verlassen
trinkt er Bier in Massen.
Früher wurden diese geteilt durch zwei.
Leider ist diese glückliche Zeit vorbei.
Er kann sein Alleinsein noch nicht fassen.

## #120 Flüssiges Glück

Suchst du ein Stück
vom großen Glück,
dann nimm einen Schluck,
gluck, gluck,
vom Bier, dem flüssigen Glück.

## # 121   Freundin-Bier-Limerick

Mein altes Bier schmeckt ziemlich fad.

Doch welch Glück, die Freundin naht.

Sie schafft frisches Bier herbei.

Mein altes ist mir nun einerlei.

Meine Freundin ist halt eine Frau der Tat.


Nachtrag:

Dafür kriegt mein lieber Schatz

von mir jetzt einen langen Schmatz.

Aber auch gänzlich ohne Bier

bin ich total verrückt nach ihr.

Mein lieber Spatz, nimm Platz.


## # 122   Bierwampe

Er betrachtet unter einer hellen Lampe

seine wohlgeformte Bierwampe.

Seine Wampe spannt und ist sehr rund,

doch er fühlt sich wohl und kerngesund.

Er findet seine Wampe schick.

Sie ist sein ganzes Glück.

Seine Frau ist stolz auf seinen Bauch;

sie hat einen solch dicken ja auch.

Ihrer kommt von zu viel Kuchen,

welchen sie ist ständig am Versuchen.

Ob aber vom Kuchen oder Bier

- eine Wampe ist für die wenigsten eine Zier.

## # 123 Noch glücklicher

Ich bin glücklich in diesem Moment,

aber jetzt ein Bier

und ich wäre noch glücklicher ;-)


## # 124 Augenblicklich

Nach Bier mein durstiger Körper schreit.

Ein Schluck und Glücksgefühle machen sich breit.

Ich werde augenblicklich glücklich, zufrieden und froh.

Das war nach dem ersten Schluck Bier schon immer so.


## # 125 Das Reh

Sein großer Zeh

tat dem kleinen Reh

tierisch weh.

Es war in eine Bierglasscherbe getreten.

Es half weder fluchen noch beten.

Letztendlich halfen Rehpapa und -mama

und dem kleinen Reh ging's wieder prima.

Lieber Mensch, lass deinen Abfall nicht im Wald

zurück.

Scherben bringen nicht immer Glück.

## #126 Der Pudel

Ein Pudel

verschluckte sich an einer Nudel.

Der Pudel wäre fast daran erstickt.

Zum Glück trank er Bier, das hat die Nudel verrückt.


## #127 Narretei

Die Narren sind los.

Ich find's grandios.

Sich verkleiden, Bier trinken, lachen,

fröhlich sein, verrückte Sachen machen.

Viel zu schnell sind sie vorbei

die Tage voller Narretei.

AHA, Alaaf und Helau –

nach 10 Bier ist mir flau.

Nächste Fasnet statt 10 Bier

lieber 100 Küsse von ihr :-*

Ob geküsst oder nicht, ob mit oder ohne Bier

eine glückselige Fasnet wünsche ich dir und mir.


## #128 Gute Wünsche

Das Glück und Gott seien dir hold.

Deine Taschen seien voller Gold.

Aber besonders wünsche ich dir

immer gute Freunde und viel Bier.

## #129 Nikolaus mit Bier

Als Nikolaus steh ich vor deiner Tür.

Ich möchte rein, ich will zu dir.

Im Sack hab ich jede Menge Bier dabei.

Das lassen wir uns schmecken, wir zwei.

Und bekomme ich für jedes Bier

noch einen langen Kuss von dir,

dann bin ich überglücklich,

denn deine Küsse sind vorzüglich :-*


## #130 Weltmeister 2014 (Deutschland - Argentinien 1:0)

Unsere Kicker haben die WM erfolgreich gemeistert.

Ich bin heute total begeistert.

Unsere Elf spielt klasse.

Unsere Frauen haben Rasse.

Unser Bier schmeckt nach mehr.

Heute liebe ich Deutschland so sehr.


Schürrle flankt den Ball herein.

Götze netzt die Kugel ein.

Nach Götzes Tor waren wir augenblicklich

überschäumend glücklich!

Deutschland singt!

Deutschland swingt!

Deutschland trinkt!

Deutschland lacht!

Diese WM hat Spaß gemacht!

## #131 Sonnyboy

Schon mit 20 Jahr

fährt er Jaguar.

Er ist intelligent, reich, beliebt und lebensfroh,

eine nette, hübsche Freundin hat er sowieso.

Er ist ein Sonnyboy,

ein glücklicher Sonnyboy.

Die Zukunft steht ihm weit offen.

Nur einmal fährt er seinen Jaguar besoffen.

Nach 10 Bier von jetzt auf nachher, ohne Not,

fährt er dabei sich und seine Freundin tot.

Er ist ein Sonnyboy,

ein toter Sonnyboy.

Und die Moral von der Geschicht':

Sauf beim Fahren nicht.


## #132 Gesunde

Fühlst du dich kraftlos und leer.

Hast keine Lust auf gar nichts mehr.

Dann führ' dir ein Bier zum Munde

und mit etwas Glück gesunde ;-)

Ein Bier, das dir schmeckt,

auch Lebenslust in dir weckt.

Hast du Angst vor Bieralkohol,

dann trink alkoholfrei – zum Wohl!

## # 133  ...sagt das Bier

Es ist doch nur ein Getränk

sagt der Bescheidene.

Nein, es ist Bier

sagt das Bier.

Es ist Unglück

sagt der Abstinenzler.

Nein, es ist Bier

sagt das Bier.

Es ist Feuerwasser

sagt der Indianer.

Nein, es ist Bier

sagt das Bier.

Es ist ein Alkohol-Wasser-Gemisch mit Zucker und

$CO_2$ darin gelöst

sagt der Chemiker.

Nein, es ist Bier

sagt das Bier.

Es ist köstlich

sage ich.

So ist es, es ist Bier

sagt das Bier.

## # 134  Nicht aufgeben

Manchmal möchte man vor lauter Baustellen am
liebsten aufgeben.

Geht man dann mit Freunden joggen und trinkt ein
Bier, freut man sich wieder am Leben.

Joggen und Bier trinken setzen Glücksgefühle frei.
Probleme werden zu Problemchen und einerlei.


## # 135  Bier ist...

Bier ist ein Wort mit nur vier Buchstaben,

aber eins mit vielen hinterlegten Eigenschaften und Aufgaben.

Bier ist für mich ein anderes Wort für Durstlöscher, Schlummertrunk,

Glücklichmacher, Mit-Freunden-zusammen-sitz-Umtrunk,

Flüssig-Gold, Geselligkeitskatalysator,

Bitter-köstliche-Medizin, Antifrustrator,

Mehr-als-nur-die-schönste-Nebensache-der-Welt,

Hochgenuss, In-Flüssigkeit-gut-angelegtes-Geld,

Die-bessere-Alternative-zu-Wein,

Getränk-das-ich-mag-ungemein,

Legale Droge, Gemütsaufheller,

Stärkungsmittel, Getränke-Bestseller,

Nach-dem-Sport-Getränk, Bier-Gedichte-Muse, Himmelsgeschenk,

VfB-Spiele-erträglich-mach-Getränk...

## #136  Die Spelunke

Der Halunke

geht in die Spelunke

um dort zu saufen

und um eventuell zu raufen.

In der Spelunke wird gezockt, gegrölt

und heftigst dem Alkohol gefrönt.

Es trinken die Halunken

Bier, Wein und billigen Korn.

Irgendwann sind sie dann betrunken,

schwanken heim und abends beginnt das Spiel wieder

von vorn.

(Und mit etwas Glück findet der Halunke

in seiner verrauchten Spelunke

eine Halunkin

als Freundin.)

## #137  Glück im Unglück

Eine Bierflasche geht zu Bruch, versehentlich.

Das ist natürlich ärgerlich.

Doch wenigstens war sie leer,

sonst wäre der Ärger viel mehr.

## # 138 Vom Läufer zum Säufer

Es war einmal ein großer Läufer,

er war aber auch ein Doping-Käufer.

Das wurde entdeckt und er durfte nicht mehr starten.

Er konnte fortan mit keinen Siegen mehr aufwarten.

Er fühlte sich öffentlich massakriert.

Er war total frustriert.

Er suchte im Bier sein Glück.

Das war vollends sein Unglück.

Es war einmal ein großer Läufer,

er wurde zum großen Säufer.

Und wenn er nicht gestorben ist,

dann ist er heute vielleicht Sozialist,

Rassist, Kommunist, Christ, Aktivist,

Buddhist, Perfektionist, Polizist, Egoist,

Pazifist, Florist, Kolumnist, Dentist,

Alpinist, Nationalist, Idealist, Nudist,

Terrorist, Drogist, Lobbyist, Jurist,

Moralist, Dadaist, Sportjournalist,

angepisst…


## # 139 Heute glücklich

Viele sehen ihr Glück nur in der Zukunft

- was ist das nur für eine Unvernunft.

Glück im Jetzt und Hier

ist die Anwesenheit von Freunden und Bier.

Prost!

## # 140  Horrorvorstellung

Seine Frau ist mit seinem besten Freund durchgebrannt.

Zwei Wochen später ist sein Haus abgebrannt.

Er ist fortgezogen an den Arsch der Welt.

Wohnt jetzt in einem schäbigen Hotel für wenig Geld.

Die letzte Zeit hatte er kein Glück auf Erden.

Drum denkt er, es kann nur noch besser werden.

Aber es kommt zunächst noch viel viel schlimmer,

denn er hat kein Bier mehr auf seinem Zimmer.


## # 141  Überglücklich

Mit meiner guten Laune ist's vorbei,

denn ich habe kein Geld dabei.

Ich leide Höllenqualen,

gleich geht's ans Bezahlen.

Doch da fällt mir ein, ich trinke ja mein Bier daheim.

Ich bin überglücklich und fertig ist der Reim.


## # 142  Glück auf

Ich mach mir ein Bierchen auf.

Das Glück nimmt seinen Lauf.

Ich trink es gierig-hastig leer.

Ich will vom Glück noch mehr.

Prost! Glück auf!

## #143 Weihnachtsglücksrausch

Es ist das größte Glück auf Erden,
von Weihnachtsbier berauscht zu werden.
Du hörst Englein Weihnachtslieder singen.
Du siehst kleine, lustige Rentiere springen.
Himmlische Glöckchen hörst du klingen.
Alles erscheint friedlich und harmonisch dir
nach getrunkenen zwei Flaschen Weihnachtsbier.
Prost!

## #144 Anstößiges

Martin, Harald und ich sitzen in der Kneipe
und rücken mit Bier unserem Durst zu Leibe.
Helmut stößt dazu, bricht sich Bahn.
Wir stoßen alle an.
Martin stößt auf.
Prost! Glück auf!

## #145 Zufrieden und glücklich

Sehr zufrieden
lehne ich mich zurück,
denn beschieden
ist mir großes Glück.
Ich sitze mit Freunden zusammen.
Wir trinken Bier.
Schön, dass wir zusammen kamen.
Prost, wie wohl ist mir!


## #146 Sonntägliches Joggen

Mit Freunden Joggen in der Natur
ist sonntägliches Glück pur.
Dazu gehört auch, nach dem Laufen
zu regenerieren und auszuschnaufen.
Dabei beim Ausschwitzen
auf einer Holzbank zu sitzen,
anderen Männern und Frauen
vergnügt hinterherzuschauen
und auf uns und das Leben
ein, zwei Bierchen zu heben.
Prost!

## # 147 Trost-Prost-Bier

Bist du traurig und suchst Trost?

Trink ein Bier. Prost.

Hilft das nicht?

Schreib ein Biergedicht.

Bist du immer noch nicht gut drauf?

Dann mache dir noch mehr Flaschen auf.

Glücklich ist, wer vergisst,

dass er eigentlich traurig ist.


## # 148 Feucht-fröhlich-glücklich

Wir haben Bier getrunken die ganze Nacht.

Am Ende auch noch ein paar Gläser Wein.

Man kann in einer feucht-fröhlichen Nacht

viel reden, Musik hören und so glücklich sein.

Prost!


## # 149 Chemie

Stimmt die Chemie nicht mehr,

dann muss ein Bierchen her.

So kommt vielleicht mit etwas Glück

die richtige Chemie zurück.

Und wir realisieren,

dass unsere Stoffe wieder harmonieren.

Prost!

## #150 Entzückt

Bier hat ihn früh entzückt.

Hat ihn oft beglückt.

Hat nie sein Herz geknickt.

Hat selten seinen Kopf gezwickt.

Er ist nach Bier verrückt.


Sie hat ihn entzückt.

Hat sich dann verdrückt.

Hat sein Herz geknickt.

Er wurde fast verrückt.

Durch Bier und eine Neue gerade gerückt.

Prost!


## #151 Lachen

Lass uns lachen

über Sachen,

die uns Freude machen.

Und ist da nichts, was Freude macht,

dann wird trotzdem gelacht.

Denn lachen macht glücklich

und ist niemals lächerlich.

Lachen im positiven Sinn

ist immer ein Gewinn.

Erst wird gelacht,

dann ein Bier aufgemacht.

Prost!

## # 152 Glücksfaktoren

Bewegen, lachen, lieben, essen,

Bier trinken nicht vergessen –

Das sind alles Sachen,

die mich glücklich machen.

Also, mach ich mir jetzt ein Bierchen auf!

Prost, auf einen glücklichen Lebensverlauf!


## # 153 Größtes Glück

Du warst mein größtes Glück.

Bitte komm zu mir zurück.

Und auf dem Weg zu mir

kauf uns bitte einen Kasten Bier ;-)

Danke und Prost!


## # 154 Ein paar Schlückchen Glück

Oft fehlt zu meinem Glück

nur ein kleines Stück.

Meist bringt solch ein Stückchen

in Form von ein paar Schlückchen

erfrischendem Bier

das Glück zu mir.

Prost mit Glücksbier

auf unser Glück im Jetzt und Hier!

## # 155 Eins mehr

Hallo, ich möchte kurz vermelden:

Bier trinke ich häufig und nicht selten.

Ich trinke auch eher eins mehr als eins weniger.

Zwei statt einem machen mich einfach glückseliger.

Ein Prost auf das Glück.

Mir scheint, es kommt im Bier zu mir zurück.

## # 156 Süchte

Meine Sucht sucht nach Bier.

Meine andere nach dir.

Habe ich beides gefunden,

erlebe ich glückliche Stunden.

Prost auf dich!

## # 157 Sorgenfrei

Nimm dir jeden Tag eine Stunde Zeit für dich

und deine Sorgen.

Du fühlst dich glücklich

und geborgen,

wenn du diese Zeit mit Freunden verbringst

und dabei ein Bierchen trinkst.

Prost!

## #158 Glücksrausch

Es ist das größte Glück auf Erden,

von Bier berauscht zu werden.

Prost!

## #159 Bier für die Braut

Ein Bier sagt manchmal mehr als tausend Worte.

Wähl ein Bier der guten Sorte

und gib es deiner Braut.

Du wirst seh'n, wie glücklich sie dann schaut.

Prost auf deine Braut, die glücklich schaut.

## #160 Glücksgefühl

Hab ich mich mit Bier gefüllt,

hab ich dabei Glück gefühlt.

Prost!

## #161 Glückskind

Hast du Glück im Glas, dann mach was draus!

Trink schnell das Bierchen aus!

Prost!

## # 162 Glücksmomente

Zwei Bier – die Party ist noch nicht zu Ende,
ich verspüre schon die ersten Glücksmomente.
Ich trinke noch zwei Bier und man glaubt es kaum:
Himmlische Glücksgefühle erfüllen den Raum.
Ich trinke natürlich weiter,
fühle mich bestens und heiter.
Aber dann, irgendwann hab ich zu viel Alkohol
und ich weiß, morgen fühl ich mich gar nicht wohl.
Aufhören, wenn's am Schönsten ist.
Weitersaufen wäre Mist.

## # 163 Zuprosten

Proste ihr zu. Vielleicht prostet sie ja zurück.
Und vielleicht ergibt sich so das große Glück.
Findet sie Bier zu gewöhnlich und nicht fein,
dann lass es mit ihr vielleicht besser sein.

## # 164 Glückshormone

Ein, zwei Bier
setzen in mir
Glückshormone frei.
Glücklich trinke ich Nummer drei :-)

## #165 Blass

Ich bin schon blass
und werde noch blasser,
gibt's statt Weizenbier
nur stilles Wasser :-(
Meine gesunde Gesichtsfarbe
kommt erst dann zurück,
werde ich mit Weizenbier
statt mit Wasser beglückt :-)

## #166 Höhere Gewalt

20 Liter Fassweizenbier, 4 °C kalt –
das nenne ich höhere Gewalt.
4 Liter hat jeder schnell weggedrückt.
Man ist der schnöden Welt entrückt
und für den Moment beglückt .

## #167 Glückskauf

Glück lässt sich kaufen
und dann aussaufen.
Was genau meine ich wohl?
Natürlich Bier mit Alkohol!
Prost!

## # 168  Was es braucht

Gesundheit, gute Gedanken, Natur, Bier und Sonnen-
schein,

viel mehr braucht's nicht, um glücklich zu sein.

## # 169  Unterschied

Jeder ist seines Glückes Schmied.

Bier macht den Unterschied.

## # 170  Liebe und Bier

Das größte Glück auf Erden,

ist geliebt zu werden.

Auf Platz 2, so ist's bei mir,

steht der Genuss von Bier.

Dahinter kommt der große Rest,

but love and beer are the best.

## # 171  Glücklich und zufrieden

Ist mir Bier beschieden,

bin ich glücklich und zufrieden.

Habe ich kein Bier,

bin ich ein geschlagenes Tier.

## #172 Schöntrinken

Man isst gerne Fleisch und Wurst. Aber die Tiere leiden.
Lassen wir sie doch weiter glücklich auf der Weide weiden.
Man kann sich mit Bier auch mal ein Käsebrot schöntrinken.
Der Käse schmeckt dann leckerer als so mancher Schinken.
Zur Not tut's auch ein Margarinebrot. Böses Cholesterin
steckt in Pflanzenmargarine zudem weniger drin.
Mit gesundem Bier und gesunder Margarine
brauchst du in Zukunft weniger Arzttermine.

## #173 Verfallen

Bist du dem Bier verfallen, gibt es kein Zurück.
Du suchst im Bier dein Glück.

## #174 Zum Glück

Zum Glück gibt's Bier.
Prost. A notre plaisir!

## #175 Glücklich sein

Glücklich sein beginnt,
wenn Bier durch die Kehle rinnt.

## # 176  Liebe

Auf die Dauer kann man mit Bier allein

nicht wirklich glücklich sein.

Man braucht jemanden, den man liebt

und der einem auch Liebe gibt.

Hat man den dann gefunden,

verlebt man die glücklichsten Stunden.

Trinkt deine Liebe am liebsten Wein,

kannst du nicht glücklicher sein,

denn so trinkt sie dir dein Bier nicht weg,

die süße Schneck.


## # 177  Wieder glücklich werden

Nach Corona wird zwar vieles anders sein.

Wir Menschen wollen aber wieder glücklich sein.

Das geht gut mit Freunden, Arbeit, Bier und Wein.

Ein Prost in diesem Sinne,

auf dass die Menschheit ihr Glück zurückgewinne.


## # 178  Bier Heben

Auf das Wort „Leben"

reimt sich „heben".

Deshalb lasst uns ein Bier heben

auf ein langes, glückliches Leben.

## #179 Biergartenzeit

Sommerliche Leichtigkeit
macht sich breit
zur Biergartenzeit.
Das Bier schmeckt nach Leben, Freiheit,
Liebe, Freizügigkeit, Vollkommenheit…
Bier lässt uns glücklich schwärmen.
Bier lässt uns fröhlich lärmen.
Nichts geht über ein Bier.
Höchstens zwei Bier…
Prost!


## #180 Was nicht stimmt

Jemand hat gesagt, Bier macht unglücklich.
Das stimmt nicht. Bier macht glücklich.
Prost!


## #181 Hochgenuss

Das höchste der Glücksgefühle
stellt sich ein beim Genuss
der im Bier enthaltenen Moleküle
Schließe die Augen. Genieße und Schluss!

## #182 The End

Bier, machst du uns auch glücklich und froh,

am Ende landest du doch meistens im Klo.

Auch mit uns Menschen endet's doof

- meist auf dem Friedhof.

So ist nun mal der Dinge Lauf

- mach das nächste Bier auf!

## #183 Kulinarischer Überblick in Sachen Glück

Bier ist Glück in Flaschen.

Schokolade ist Glück zum Naschen.

Auch meine Freundin habe ich zum Fressen gern,

aber keine Angst, sie zu fressen, liegt mir fern ;-)

## #184 Zu guter Letzt

Ein Rat zu guter Letzt:

Das Leben ist jetzt.

Such dein Glück im Heute.

Bereite dir und anderen Freude.

Freude bereitet jetzt mir

ein kühles goldgelbes Weizenbier.

## Glücksformel

$$\text{Glück} = \text{Gesundheit} + \text{Liebe} + \text{Sinn} + \text{Ziele} + \text{Achtsamkeit} +$$
$$\text{innere Einstellung} + \text{Glaube} + \text{Glück der anderen} +$$
$$\text{Sicherheit} + \text{Friede} + \text{Natur} + \text{Haustier} + \text{Genuss} +$$
$$\text{Gute Freunde} - \text{Unglück} + 1, 2 \text{ Bier} + \text{Sonstiges}$$

## Nachwort

Glück und Bier. Glücklich durch Bier. Vielleicht gibt's auch Menschen, die ohne Bier glücklich sind. Kinder bestimmt. Aber Erwachsene? Möglicherweise auch. Aber vermutlich wären sie mit Bier noch ein wenig glücklicher. Meine Glücks-Erfahrungen sind meist mit Bier verbunden. Dies ist allerdings nicht verwunderlich, da ich ja fast täglich mein Bier trinke.

Was ist also mein Fazit: Trinke maßvoll Bier, so bist du, was das Glück betrifft, auf der sicheren (glücklichen) Seite. Prost!

# Inhaltsverzeichnis

Bisher sind von Alfred Reichel beim Verlag Books on Demand GmbH folgende Bücher erschienen:

**Glücks-Bier-Gedichte,** 2022

**Hoptimistische Biergedichte,** 2021

**Reichels heile Welt der Biergedichte,** 2020

**Prost-Gedichte,** 2019

**Weihnachtliche Biergedichte,** 2018

**1516 Biergedichte,** 2017

**Frisch eingeschenkt – Biergedichte der besonderen Art**, 2017

**Goldene Biergedichte**, 2016

**Bierhaltige Gedichte**, 2016

**Tierisch gute Bier-Gedichte**, 2015

**Nicht nur Biergedichte,** 2015

**Bier-Lyrik**, 2014

**Bier-Liebes-Gedichte**, 2013

**Noch mehr Bier-Gedichte**, 2013

**Bier-Gedichte**, 2012